Mandie Davis

&

France de la Cour

First published by Les Puces Ltd in May 2017
ISBN 978-0-9954653-5-0
© May 2017 Les Puces Ltd - www.LesPuces.co.uk
Original artwork © May 2017
France de la Cour and Les Puces Ltd

Egalement disponible chez Les Puces
Consultez notre boutique en ligne sur www.lespuces.co.uk

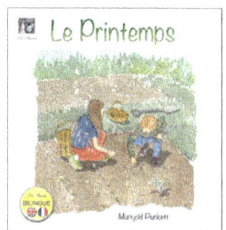   

Petit Paul
veut aller à
L'École

En remerciant tout particulièrement:

The Skinners' Kent Primary School

Photographe Gino Cinganelli
www.ginoandsharonphotography.co.uk

Petit Paul se trouve dans la cour et regarde par la fenêtre l'intérieur d'une classe. Petit Paul veut aller à l'école.

Je veux aller à l'école!

Mais de quoi a-t-il besoin ?

Super !
Une vraie école !

Des cahiers et des livres !

> J'aime les livres !

Est-ce que c'est tout ? Non ! De quoi d'autre a-t-il besoin ?

Aimes-tu mon t-shirt ?

Il a besoin…..d'une trousse colorée.

Je suis ravi d'avoir une trousse.

Est-ce que c'est tout ? Non ! De quoi d'autre a-t-il besoin ? Qu'est-ce qui va dans une trousse ?

Une trousse vide, ce n'est pas bon !

Il a besoin d'un stylo et d'un crayon !

Je suis content d'avoir un stylo.

Et c'est tout ? Non ! De quoi d'autre a-t-il besoin dans sa trousse ?

Ouah ! Mon propre stylo !

Il a besoin de quelques crayons de couleur et de feutres. Est-ce que c'est tout ?

Comme un arc-en-ciel !

Non ! De quoi a-t-il besoin... pour mesurer, corriger et couper ?

Les crayons de couleur sont tellement amusants !

Oui ! Il a besoin d'une règle, d'une gomme et d'une paire de ciseaux. Est-ce que c'est bon ? Est-ce que Petit Paul est prêt pour l'école maintenant ? Non !

Attention aux ciseaux !

De quoi d'autre a-t-il besoin ? Dans quoi peut-il tout mettre ?

Fais attention !

Il a besoin d'un beau cartable pour tout emporter à l'école.

Génial ! Mon premier cartable.

Que devrait-il porter ?

> Que portes-tu à l'école ?

C'est ça - un uniforme ! Petit Paul est tout prêt pour aller à l'école, mais de quoi aura-t-il besoin quand il y sera ?

Maintenant je suis bien habillé !

Il aura besoin d'une chaise et d'une table, en face du tableau et de la maitresse bien sûr !

"Incroyable ! Une classe et une vraie maitresse"

La classe de 2017

Bravo ! Petit Paul est prêt pour l'école maintenant ! Et toi ? Veux-tu aussi aller à l'école ?

J'aime ma nouvelle école !

L'école

la gomme

la trousse

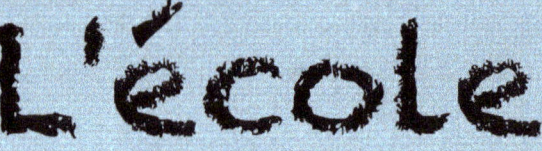
J'adore ma nouvelle école.

les feutres (m)

le crayon

le stylo

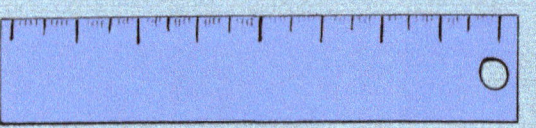
la règle

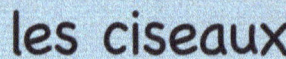
les ciseaux

les crayons de couleur (m)

l'uniforme (m)

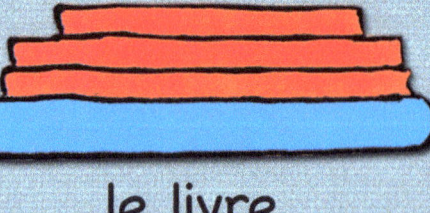
les cahiers (m)

le livre

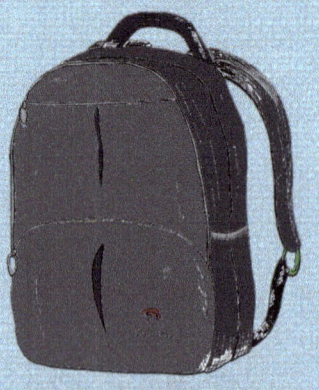
le cartable

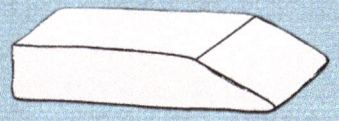
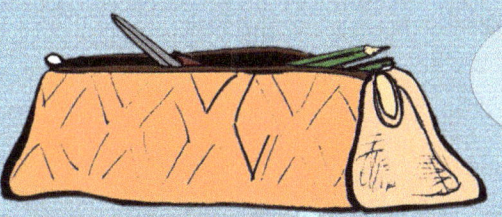
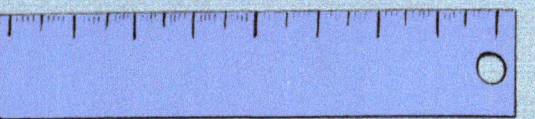
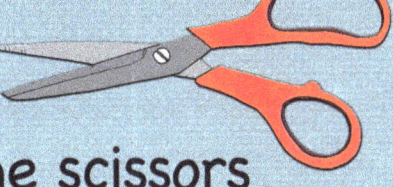

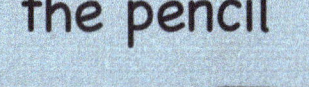

Well done! Little Paul is now ready for school! And you? Do you want to go to school too?

I love my new school!

Class of 2017

He will need a chair and a table, facing the whiteboard and the teacher of course!

Amazing, a classroom and a real teacher!

That's right, a uniform! Little Paul is all ready to go to school... but what will he need when he gets there?

"Now I am properly dressed!"

What should he wear?

"What do you wear to school?"

He needs a smart school bag to carry everything to school.

Great!
My first school bag!

What else does he need? What can he carry everything in?

WATCH OUT!

Yes! He needs a ruler, a rubber and a pair of scissors. Is that it? Is Little Paul ready for school now? No!

Be careful with scissors!

No! What does he need... to measure, correct and cut?

The coloured pencils are really fun!

He needs.... some coloured pencils and felt tip pens. Is that all?

Just like a rainbow!

And is that all? No! What else does he need in his pencil case?

Wow! A real pen!

He needs a pen and a pencil!

I'm happy to have a pen.

Is that all? No! What else does he need? What goes in the pencil case?

An empty pencil case is not good!

He needs... a colourful pencil case!

I'm excited to have a pencil case.

Is that all? No! What else does he need?

"Do you like my T-shirt?"

Some exercise books and some text books!

I love books!

But what does he need?

Wow! A real school!

Little Paul stands in the playground and looks through the window into a classroom. Little Paul wants to go to school.

I want to go to school!

Little Paul
wants to go to School

With special thanks to:

The Skinners' Kent Primary School

Photographer Gino Cinganelli
www.ginoandsharonphotography.co.uk

Also available from Les Puces

Visit the shop on our website at www.lespuces.co.uk

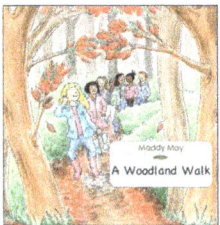

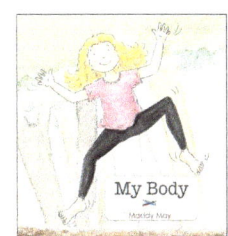

Mandie Davis
& France de la Cour

First published by Les Puces Ltd in May 2017
ISBN 978-0-9954653-5-0
© May 2017 Les Puces Ltd - www.lespuces.co.uk
Original artwork © May 2017
France de la Cour and Les Puces Ltd